AF279681

Sebastian Alex Rudolph

Partnersex! Fantasien ausleben!

Wir ticken alle verschieden.
Was kann ich meinem Partner, meiner Partnerin sexuell
zumuten?

Frischer Schwung!

Du musst deine sexuellen Wünsche nicht aussprechen! Schenke dieses Buch und du wirst Antworten erhalten!

Du bekommst das Buch zurück! Mit Antworten in aller Deutlichkeit!

Lerne die sexuellen Wünsche deiner Partnerin, deines Partners kennen.

Was SIE oder ER ankreuzt... ist erwünscht...

....und kann nach und nach in euer Sexleben eingebunden werden.

Das Buch für alle, die sexuelle Sehnsüchte, Wünsche und Fantasien haben und diese REAL ausleben wollen.

Ein Impulsgeber für alle, die sexuell den nächsten Schritt in ihrer Sexualität gehen wollen.

Wir ticken alle verschieden.

Was kann ich meinem Partner, meiner Partnerin sexuell zumuten?

Was wünscht sie/er sich?
Was ist machbar?
Wozu steht sie/er?

Wer würde nicht gerne seine sexuelle
Sehnsüchte ausleben!

Was aber, wenn diese unausgesprochen
bleiben? Wie soll es weitergehen in der
Beziehung?

Mit einem anderen Mann, einer anderen Frau?
Fremdgehen, um Träume zu realisieren?
Fetische im Bordell ausleben?

Erlebe es doch ganz einfach mit deiner Partnerin, deinem Partner!

*Ob in einer langjährigen Ehe, in einer neuen
Beziehung, ob Jung oder Alt...
Loslassen und Zulassen ist jetzt angesagt!*

Neugierde hat etwas mit Lebendigkeit zu tun,
mit Lust auf Information, mit Lust auf Neues.
Warum sich nicht auch sexuell inspirieren
lassen! Genau das machst du im Moment!

Du bist neugierig, was das Buch dir anbietet.
Kann es etwas bewirken, etwas verändern?

Ich als Autor denke schon! Natürlich nur, wenn
du mitspielst.

Ich möchte Glück als eine tiefe innere Ruhe, eine Zufriedenheit mit mir und in mir bezeichnen. Ich denke, das siehst du ähnlich.Ein Baustein für diese innere Zufriedenheit ist die sexuelle Ausgeglichenheit.

Sex ist berauschend, belebend, erregend, entspannend, sinnlich, gefühlvoll, traumhaft!

Was bringt es dir, sexuelle Sehnsüchte und Wünsche in dich hineinzufressen? Worauf wartest du?

Denn jetzt lebst du...hier und jetzt! Und es ist für nichts zu spät!

Mitunter müssen wir unsere Denkgewohnheiten und Verhaltensweisen einer Überprüfung unterziehen und gegebenenfalls eine Korrektur vornehmen.

Ich möchte kleine Impulse vermitteln, die in der Hektik des Alltags untergebuttert werden. Einfach so!

Ein paar Anmerkungen vorab.
Ich rede dich mit *DU* an. Das ist sonst nicht meine Art, aber anders konnte ich mir dieses kleine Buch nicht vorstellen. In keinem Fall möchte ich aufdringlich sein, oder besonders rechthaberisch erscheinen.

Wenn nur einige das Spiel mitmachen und hier etwas ankreuzen und damit ihre sexuellen Wünsche zur Realität werden lassen, dann hat sich mein Gedanke, dieses Buch zu schreiben, doch schon gelohnt.

Ganz ehrlich. Jeder der ein Buch schreibt möchte, dass es viele Leser findet, möchte das es sich verkauft! Da nehme ich mich nicht aus. Also danke!

Ganz bewusst verzichtet dieses kleine Buch auf eine detaillierte Inhaltsangabe. Das macht alles etwas kunterbunt... aber warum nicht.

Ich sehe vieles mit einem Augenzwinkern und ich hoffe du auch. Aber dadurch geht die Ernsthaftigkeit mancher Thesen nicht verloren. Jetzt bist du dran!

Es geht um *DICH*! In diesem, unserem Fall, um deine Sexualität.Vielleicht hattest du nicht nur einmal den Gedanken, der dann aber unausgesprochen blieb: Es könnte ruhig etwas mehr sein, etwas abwechslungsreicher!

Zeit, etwas zu verändern!

Gerade jetzt, wenn du diese Zeilen liest, laufen weitere Sekunden und Minuten deiner Lebenszeit ab. Egal ob du jung oder alt bist. Unaufhaltsam. Die Uhr tickt für uns alle, ob Millionär oder Schuldner. Der Countdown hat mit der Sekunde unserer Geburt begonnen. Wenigstens in diesem Punkt sind wir uns alle einig.

Am Ende sind wir wieder alle gleich.

Am Ende ist für Gerechtigkeit gesorgt.

Mich beruhigt das. Ist das nicht herrlich! Ob arm oder reich, ob in Finnland oder in der Karibik..irgendwann bleibt das Herz jedes Menschen stehen. Also...Zeit ist wertvoll! Nichts auf die lange Bank schieben. Jede noch so glückliche Beziehung ist endlich!

Also...*jetzt Leben erleben, das muss die Devise sein!*

Darum geht es hier. Die Seele baumeln lassen...die Gedanken fliegen lassen...

Wir alle sind Suchende.

Unter anderem suchen wir nach Zweisamkeit, Liebe, Nähe, Freundschaft, Erfolg und nach sexueller Erfüllung. Dafür müssen wir etwas tun, uns bemühen, die Initiative ergreifen und die Stunden, die Tage nicht einfach so *„vorsichhinplätschern"* lassen. Allerdings benötigt es deinen festen Willen loszulassen und gegen die immer wieder aufkommenden Bequemlichkeiten und angeeignete Gewohnheiten anzukämpfen.
Mitunter lassen wir uns hängen, lassen wir uns

treiben. Das ist nur zu menschlich. Zu oft sollten wir das aber nicht zulassen.

Denke mal darüber nach.

Eine Selbstfindung bekommst du nicht geschenkt. Sei EHRLICH mit DIR!

Es ist möglich! Schon ein wenig Ausbrechen aus dem Kokon, den der Alltag um uns legt, wäre ein erster Erfolg. Ein Anfang wäre es, Kleinigkeiten zu ändern.
Einige deiner Angewohnheiten, die nicht notwendig sein müssen, die aber typisch für dich sind.

Ein schlimmer, unbefriedigender Satz.
Soll das wirklich schon alles gewesen sein?

Diesen Satz solltest du schnell vergessen. Es liegt an dir, den Trott des Alltags zu durchbrechen. Es liegt an dir, etwas zu verändern. Sexuell braucht es schon Variationen, um den Spaß und die Lust am Sex hochzuhalten. In diesem Fall bist du nicht fremdbestimmt. Auch wenn du das vielleicht vermutest. Wenn du nie etwas einforderst, wenn du keine Wünsche äußerst, lässt du deinen Partner ahnungslos.

Vieles liegt allein in deiner Hand. In deinem Wollen und Zulassen.

Egal ob männlich oder weiblich. Du kannst selbst zulassen oder begrenzen. Loslassen oder einschränken. Du kannst alles hinterdenken, oder einfach Leben erleben.

Nicht ab Morgen oder nächster Woche. *Ab jetzt*, nachdem du das verinnerlicht hast! Lass es einfach zu!

Bist du sexuell wunschlos glücklich, dann brauchst du nicht weiterzulesen. Naja...Mach es aus Neugierde trotzdem. Oder halt! Du hast ja noch einen Partner!

Nach dem Erwachen in der Vorpubertät, begleitet uns Sex praktisch jeden Tag. Es gibt kaum ein Fernsehspiel, ein Theaterstück, ein Kinofilm, in dem es nicht um Beziehung zwischen zwei oder mehreren Personen geht. Dabei spielen intime Beziehungen eine große Rolle. Liebesromane findet man in den Bestsellerlisten immer in der Spitzengruppe.

Seit *Fifty Shades of Grey* hat SM-Sex seinen Siegeszug angetreten. Egal wie man zu dem Roman steht, er hat etwas bewirkt.

Mein Buch soll deine Sexualität ergänzen, dich etwas fordern, damit du nicht im Alltagstrott zu bequem wirst und es später, rückblickend bereust, zu wenig sexuelle Fantasie mit deiner Partnerin, deinem Partner, ausgelebt zu haben.

Es geht nicht darum, den bisherigen lustvollen und einvernehmlichen Sex zu ändern.
Ganz bestimmt nicht. Blümchensex kann so schön sein und das soll auch so bleiben. Alles zu ändern, das ist nicht der Denkansatz dieses Buches. Es geht um Ergänzung, um etwas anderen Sex, um Wünsche und Fantasien.
Unausgesprochene sexuelle Sehnsüchte sollen in deinem Sexleben zur Realität werden! Es geht darum, alte, eingefahrene Pfade, Gewohnheiten und Denkmuster zu durchbrechen. Offen für Neues zu sein!
Es geht um Ergänzung.

Wir haben alle unseren einzigartigen Fingerabdruck. Wir sind alle verschieden. Das trifft selbstverständlich auch auf unsere intimen Wünsche und Sehnsüchte zu. Da denkt man seinen Partner zu kennen, seine sexuellen Fantasien und Sehnsüchte. Das ist oft ein Trugschluss! Männer und Frauen ticken oft total verschieden. Verschieden anders! Redest du offen und frei über Sex, dann bist du die Ausnahme. Ich meine so richtig, ohne Tabus, ohne einen noch so ausgefallenen Wunsch zurückzuhalten.

Ein Mann, eine Frau, begleiten immer erotische Fantasien, alle sind sicherlich nicht mit jedem Partner umsetzbar. Einige aber vielleicht schon. Zu zweit, ohne Zuhörer, sollte man sich schon trauen, die Karten auf den Tisch zu legen und seine Wünsche zu nennen. Beide! Vorher sollte man sich darüber einigen, dass sich niemand verletzt fühlt, wenn es auch noch so überraschende Wünsche sind.

Nichts muss, alles kann! Vertrauen und Verständnis ist jetzt angesagt!

Wir leben in der Zeit des virtuellen Sex. Milliarden von Fotos und Filmchen im Internet. Es gibt keine Tabus mehr! Da sind auch die letzten Schranken gefallen. Was vor Jahrzehnten noch unter der Ladentheke gehandelt wurde, was strafrechtlich verboten war, ist jetzt zugänglich für alle. Massenhaft Portale und Foren, für alle sexuellen Bedürfnisse und Praktiken. Vierundzwanzig Stunden. Jederzeit Zugang. Für jeden.

Ob man das gut findet, kann nur jeder für sich selbst beantworten. Für viele ein anonymer Traum. Unerkannt, mit einem Pseudonym, kann ich meinen Fantasien freien Lauf lassen, kann mich mit Gleichgesinnten virtuell austauschen. Kopfkino pur! Eine unendliche neue Freiheit. Ein virtueller Rausch der Sinne. Ein grenzenloses Abenteuer.

Im Netz ist die sexuelle Freiheit ausgebrochen! Diese offene Sichtbarkeit sexueller Praktiken, Fetische und sexueller Faibles, fördert Wünsche, Fantasien und Sehnsüchte. Alle Fantasien sind sichtbar und werden real praktiziert.

Wäre es nicht toll, wenn man seine kühnsten sexuellen Fantasien real werden lassen könnte?

In der Vergangenheit erlebtes hat uns geprägt. Egal ob du Zwanzig, Dreißig, Vierzig, Fünfzig Jahre Alt bist, oder älter! Vieles ist automatisiert, ist im Unterbewusstsein abgespeichert. Alle diese Erfahrungen bestimmen dein Denken. Jeder hat sein Bündel mit sich herumzutragen. Jeder hat seine Sicht der Dinge.

Toll, sagst du jetzt...für diese Erkenntnis brauche ich dieses Buch nicht! Das ist doch jedem klar.

Richtig! Aber...es ist eben so! Jeder hat seine Vergangenheit.

Aber du lebst im Hier und Jetzt!

Und nur in diesen Sekunden, Minuten und Tagen im Hier und Jetzt!
Natürlich prägt uns unsere Vergangenheit, unsere Kindheit, unsere Erziehung. Viele

Frauen sind sexuell belangt worden und leiden ein Leben lang darunter. Andere wurden geschlagen, oder ganz schlimm, wurden als unerwünschtes Kind behandelt. Das ist für viele ein Teil ihrer Identität. Ich hatte eine achtsame Kindheit, hatte dieses Glück. Aber kann man tatsächlich alles, was jetzt vielleicht schiefläuft, oder schiefgelaufen ist, auf früheres erlebtes zurückzuführen?

Viele Beziehungen, viele Paare sind *sexuell* regelrecht *eingespielt.*
Immer die gleichen Positionen, die gleichen Rituale. Nach langen Jahren des Zusammenlebens nicht verwunderlich.

Man ändert nichts, weil man den Partner nicht verletzen, nicht kränken will. Nicht jeder hat den Mut, sich sexuell zu outen.

Für viele sind bestimmte Praktiken immer noch ein Tabuthema. Das muss jeder für sich entscheiden.
Aber.... Das ein oder andere würde man doch gerne einmal ausprobieren.

Warum nicht?

BDSM ist heute kein Insiderbegriff mehr. SM Praktiken sind im Schlafzimmer angekommen. Der Verkauf von Sexartikeln boomt. Vibratoren werden über eine App gesteuert. Werbung dafür läuft im TV. Es ist ein Milliardengeschäft. Wir leben in einer offenen Gesellschaft. Sex ist ein Teil davon.

Sexualität, körperliche Berührung ist etwas Schönes, etwas, das unser Leben bereichert und unsere Sinne berauscht. Und das soll auch so bleiben. Wir wollen einfach nur eine Schippe drauflegen. Neues wagen.

Es muss nicht immer Fremdgehen sein.

Auch bei diesem Thema sind die Frauen inzwischen voll emanzipiert. Frauen zwischen dreißig und vierzig betrügen mit Abstand am häufigsten. Durch die Emanzipation sind immer mehr Frauen mit ihren Männern gleichgestellt. Ich meine hier sozial und finanziell. Damit hängen sie nicht mehr am Rockzipfel des Ehemanns. Auch der nachfolgende Satz zeigt, wie sich eine Gesellschaft verändert.

Über vierzig Prozent Singlehaushalte haben wir in Deutschland. Die Zahl steigt ständig.

Damit ändert sich auch das allgemeine Sexualverhalten. Ein Single hat seine Freiheiten. Partnersuche, auch in den sogenannten seriösen Portalen, ist oft eine reine Suche nach Sexpartnern. Das macht die Suche nach einer langjährigen Beziehung nicht gerade leichter. Viele können ein Lied davon singen.

Kennt man sich länger, kann es mit dem Sex kompliziert werden. Alles ist eingefahren. Die langjährige Beziehung ist schuld. Der Reiz verschwindet. Der Kick fehlt. Die Lust aufeinander schwindet.
Nach etwa zwei Jahren intensiven Verliebtseins und intensiven sexuellen Austobens, übernimmt der Alltag die Regie.

Sexuell mag das stimmen, beziehungstechnisch sehe ich das anders. Man kann viele Jahrzehnte eine tolle und erfüllende Partnerschaft miteinander verbringen. Natürlich mit Höhen und Tiefen.
Dabei muss *weniger Sex* in einer langjährigen Beziehung nicht unbedingt ein negatives Zeichen sein. Man hat eben nur noch ab und zu Lust auf sexuellen Kontakt... und das ist eindeutig besser als gar kein Sex.

Wichtig ist und bleibt körperliche Berührung. Nähe. Das Kuschelhormon Oxytocin dankt es uns. Es bestärkt die Bindung zu unserem Partner und trägt zu unserem Wohlbefinden und zu unserer Gesundheit bei.

Abwechslungsreiche körperliche Intimität tut jeder Beziehung gut.

Für viele sind bestimmte Praktiken immer noch nicht praktikabel, obwohl sie auch ausschließlich unter zwei Personen praktiziert werden können. Zwischen dir und deinem Partner.

Niemand schaut zu, niemand bewertet etwas.
Ihr allein bestimmt, was ihr zulassen möchtet! Warum also nicht offen sein für neues?

Das ein oder andere würde man doch gerne einmal ausprobieren. Loslassen ist jetzt angesagt. Hinterm Horizont gehts weiter!!

Ändere häufiger das Ambiente! Raus aus dem gewohnten Umfeld. Es muss nicht immer das Schlafzimmer sein. Warum nicht der Keller, der Speicher? Der Zimmertisch? Im Freien? Der Nachbar? Warum nicht spielerisch eine Peitsche verwenden, die Augen verbinden, die Hände fesseln? Warum sich nicht der Vielzahl der Hilfsmittel und Sextoys bedienen, die der Markt anbietet.
Einen Schal um die Augen zu verbinden, ein Gürtel um zu fesseln, das hat doch jeder im Schrank.Verwenden! Ein Anfang wäre damit gemacht. Ausprobieren. Aber das hast du bestimmt schon!

Auch ein Magic-Wand-Vibrator ist heute kein Insidertipp mehr. Es gibt eine Unzahl von

Varianten in jeder Preisklasse. Kabellos. Wasserfest. Ursprünglich von Hitachi als Massagestab entwickelt und hergestellt, eroberte er die Sex-Welt. Ganz besonders den SM Bereich.
Seinen Klit-Vibrationen, kann sich keine Frau entziehen. Der leicht angedrückte runde Kugelkopf lässt sie ins Traumland fliegen. Noch immer *der* zuverlässige Bringer!
Aktuell sind Druckwellen-Vibratoren und Auflegevibratoren angesagt. Jeder nach seiner Fasson. Zum Einstieg in neue Spielformen hätte ich einen Vorschlag.

Macht doch Tantra-SM.
Liebevolle, achtsame Massage verbinden mit leichter Züchtigung, hartem Sex und dann wieder minutenlang körperliche Zärtlichkeiten.

Du wirst gefühlvoll, liebevoll massiert. Am ganzen Körper. Zeitlos. Dann setzt es einige Hiebe. Die Peitsche oder die flache Hand klatscht auf die Haut. Wie fest die Hiebe sind, das liegt an dir. Beim ersten Mal klärt den Wirkungsgrad ab. Eins ist ein spielerisches schlagen...Zehn ist extrem. Nenne ihm oder ihr die Zahl, die du als noch akzeptabel findest. Vielleicht am Anfang eine Vier. Es wird mit Sicherheit immer eine kleine Steigerung geben. Macht es einfach! Dann nimmt er dich hart ran,

fordert noch geileren, noch härteren Sex.
Danach bekommst du erneut eine liebevolle,
achtsame Massage.
Eine berauschende, zeitlose Session. Vierzig
Minuten oder mehr vergehen im Flug!

*Sex mit Unterwerfung erfordert Vertrauen.
Vertrauen in seinen Partner. Ein volles,
tiefenentspanntes Hingeben heißt Kontrolle
abgeben!*

So kommst du ins Fliegen... kommst du hinter
dem Horizont...ins Traumland!

Aber warum SM? Warum Hiebe auf die Haut?
Warum Schmerz? Was ist Lustschmerz? Was
bewirkt das? Was macht das mit dir?
Warum kann das süchtig machen? Warum
berauscht es dich, wenn du die Kontrolle
geistig, wie emotional abgibst? Während einer
SM-Session geht es nicht um zwanzigminütigen
Sex.
Eine Session ist zeitlos.

Alles ergibt sich. SM ist ungemein
facettenreich. Vom festen Schlag mit der
flachen Hand auf deinen Po, bis zur harten,
grenzwertigen SM Session im Folterkeller.

Die intensive Wirkung auf Körper und Geist
erlebt man während einer längeren SM Session
voller Hingabe besonders intensiv. Aber auch

nur dann, wenn die Chemie zwischen dem Herrn und der Novizin oder Sub stimmt. Der Herr kann dein Partner, dein Mann, dein Freund sein. Er muss nicht der geborene Dom sein. Du musst nicht in tiefer gespielter Devotheit versinken. Es kann spielerisch stattfinden. Vielleicht wird ja mehr daraus. Ich bin mir da fast sicher!

Bei mehr könnte es sich wie folgt darstellen.........

Im folgenden Abschnitt berichten devote SM-Sub Frauen über ihre Gefühle, über ihre tiefen sinnlichen Empfindungen während und nach einer Session. Frauen mit langjähriger SM Erfahrung.

In einem fiktiven, aber realistischem Gespräch bekommst du Einblicke in Gefühle und Empfindungen von SM Frauen.

Als Mann, um die Frauen besser zu verstehen... als Frau, um SM mehr zu verinnerlichen.

Setze dich einfach dazu! Für die Frauen bist du unsichtbar.

Ihre Freundin Viola hat Cosima zu einer Kaffeerunde mit zwei Freundinnen eingeladen, die, wie sie selbst, zu ihrer sexuellen Neigung standen. Cosima möchte, nach langjähriger Ehe, sexuell neue Wege beschreiten. Heute ist der Tag, der ihr einiges an Erklärungen bringen sollte.

Cosima wird für dich... die Leserin oder den Leser... die Fragen stellen.

Na dann mal los! Gespannt und aufgewühlt hört Cosima den Frauen zu. Ich denke doch auch du. Zunächst meldete sich Severin zu Wort, sie war die Jüngste, eine rassige, attraktive, schlanke, auf Cosima sofort sympathisch wirkende Frau. Ihre dunkelbraunen Augen blitzen, wenn sie über SM sprach.

„Zunächst möchte ich etwas über mich berichten. In meiner ersten Beziehung war das Thema Sex eines von vielen. Nicht, dass wir keinen Sex hatten, es fand nur kein Austausch über Wünsche oder Neigungen statt. Heute kann ich das fast nicht glauben, ist doch Sexualität ein sehr wichtiger Bestandteil einer Beziehung. Nur Blümchensex wollte ich nun auch nicht mehr. Es durfte etwas mehr sein, etwas variantenreicher. Um es kurz zu machen, ich beendete diese Beziehung aus mehreren Gründen.

Beim Kennenlernen meines heutigen Mannes war mir meine sexuelle Freiheit ungemein wichtig. Es war eines der Themen, das ich schon früh zur Sprache brachte.

Wenn ich zurückblicke, kann ich sagen, diesen... meinen Weg... habe ich nie bereut. Jeder kann sich ausleben, seine Fantasien verwirklichen. Gerade weil wir als Paar diesen Weg gegangen sind, ist es eine glückliche, wunderbare Beziehung. Natürlich ist nicht jeder Tag voller Sonnenschein. Auch wir leben in einem realen Alltag mit all seinen Problemen. Auch wenn sich das etwas abgedroschen anhört, unsere Beziehung basiert auf Vertrauen, denn keiner braucht etwas zu verheimlichen. Das ist unser Modell, das bestimmt nur in wenigen Fällen übertragbar ist, dessen bin ich mir voll bewusst."

Vanessa war Mitte Fünfzig und damit die älteste in der Gruppe. Eine eher introvertierte, betont schlanke, sportliche Frau. Da war kein Gramm zu viel, alles am rechten Platz.

„Ich kann jeden verstehen, der dieser Art der Sexualität nichts abgewinnen kann, ihr ablehnend gegenübersteht. Das meine ich ehrlich, ohne Wenn und Aber.
Nach langjährigen Ehen ist die Luft raus, die Kinder sind aus dem Haus. Der Alltag, der Beruf, der Partner... es ist ein gewisser Trott entstanden. Viele Frauen, wie auch Männer,

möchten einfach mal ausbrechen aus der Tretmühle des alltäglichen, wollen auch mal über den Tellerrand schauen, wollen sich einfach mitreißen lassen, vom Strom des Abenteuers Leben. Ich bin für mich diesen Weg gegangen. Leider tritt dann bei vielen Frauen ein Denken ein, das alle Vorsätze im Sand verlaufen lässt. Im Spiegel betrachten sie ihre altersbedingten, körperlichen Defizite, die sie sich mitunter regelrecht einreden und das selbst in jungen Jahren. Wenn die wüssten! Unzählige Männer da draußen würden diese Frauen liebend gerne und mit Kusshand für ein sexuelles Abenteuer unter ihre Fittiche nehmen. Umgekehrt gilt das natürlich genauso."

„Was passiert mit Euch während und nach einer Session?"
Severin ergriff das Wort.

„Mein eigenes Verhalten kommt mir nach einer langen, ausdauernden, harten Session schon einmal sehr grenzwertig vor. Dann kommen urplötzlich ein paar Tränen. Man ist also tatsächlich im doppelten Sinne in einem Rausch. Vorurteile entstehen, weil in der neutralen Betrachtung ein Mann eine Frau auspeitscht. Er tobt sich für seine Lust an der Frau/Sub aus. Das habe ich zu keiner Sekunde bisher so gesehen. Für mich, oder auch für uns, die solche Spielchen lieben, ist das eindeutig ein beidseitiges Geben und Nehmen. Beide leben ihre Neigung aus. Es geht hart, mitunter auch etwas brutal zu, auch schon einmal leicht an oder über körperliche Grenzen. Aber, es ist von beiden so gewollt. Nur so entsteht der Kick, der Taumel, das Ausbrechen aus dem Kokon, der uns umgibt. Wenn ich in wenigen Sätzen zusammenfassen müsstest...warum wollen Mädels und auch reifere Frauen SM erleben?

Wir sind tagtäglich Gefangene eines Regelwerks. Wir haben uns zu benehmen, haben zu jedem höflich und freundlich zu sein. Ob zu Kollegen, Chefs, Schwiegermüttern, Freunden oder Kegelbrüdern...nie dürfen wir ausrasten, geschweige denn uns etwas von der Seele schreien. Wir sind fest in ein Korsett gepresst, müssen Tag für Tag, Stunde für Stunde funktionieren. Woche für Woche. Ein Leben lang.
Ohne gewisse Regeln würde die Welt im Chaos versinken, das ist natürlich Fakt, es ist also notwendig Regeln aufzustellen und sie einzuhalten.

Die Möglichkeit auszubrechen, loszulassen, sich fallen zu lassen, diese Sehnsucht erfüllt Sex und SM mit all seinen Facetten. Natürlich ist es nur eine der Möglichkeiten. Es ist eine freie

Entscheidung. Alles bleibt in einem geschlossenen Raum, man ist unter sich und wenn gewünscht, immer nur unter vier Augen. Und nun der wichtigste Satz. Wie im richtigen Leben, jeder ist für sich verantwortlich."

Viola mischte sich ein.

„Schlummernde Fantasien werden real, Tabus werden gebrochen, über allem steht die Lust. Du hast Hautkontakt, spürst intensiv deinen Körper, deine Weiblichkeit, alle deine Sinne. Es ist Seelennahrung, Abenteuer pur, für einen Zeitabschnitt abtauchen in eine andere Welt. Es ist die Suche nach dem Kick.
Wie immer, gibt es viele Facetten. Ich selbst liebe eben diesen sinnlich hautnahen, hochsensiblen menschlichen Kontakt.

Berührungen. Intensive Gefühle. Vertrauen sowie Respekt und bei aller Intensität...tiefe Achtsamkeit. Hormone, die der Körper bei Schmerz und Stress ausschüttet, erzeugen den erstrebenswerten Kick während einer Session. Bei mir passiert das nach zwanzig bis dreißig Minuten nach Beginn der Züchtigung. Die Schmerztoleranz wird deutlich höher. Ich fühle und spüre jeden Schlag, bin aber in einer schmerzreduzierten, biochemischen Trance."

Severin hob die Hand, hatte etwas beizutragen.

„Und da sage noch einer, SM sei einfach zu erklären. Tatsächlich ist es sehr komplex. Ja, ich bin in einem Rausch der Endorphine. Ich bekomme Schläge, ohne sie noch richtig wahrzunehmen. Ich bin völlig gedankenleer, alles um mich herum ist unwichtig. Ich bin weg von jeder Realität. Vanessa hat einmal so schön gesagt...ich kann mich in die Schläge, in die Situation, regelrecht hineinfallen lassen...bin abgetaucht in eine andere Welt.“

Vanessa nickte ihr lächelnd zu.

„Ganz wichtig ist nach der Session der innige, körperliche Kontakt zu meinem Mann, zu meinem Herrn. Ich spüre seinen Halt, seine Fürsorge. Nach einem berauschenden Subspace, nach einer harten Session, bin ich zunächst noch überdreht. Der Puls rast. Das kippt dann ins genaue Gegenteil. Ein Glücks-gefühl kommt auf. Eine ungewohnt tiefe innere Ruhe erfasst mich. Die Striemen, die Schmerzen sind noch da, mein Denken, meine Gefühle aber sind derart positiv, ich bin voller Energie und Lebenslust, als hätte ich eine olympische Goldmedaille gewonnen. Es fühlt sich wirklich so an.“

Alle in der Runde hatten ein Schmunzeln auf den Lippen.
Viola schenkte noch etwas Kaffee nach, als

Cosima eine Frage in die Runde gab, die ihr schon lange auf den Nägeln brannte.

„Warum könnt ihr extreme Hiebe und Schläge ertragen und beschreibt ihr diesen Schmerzzustand als aufgeilend und berauschend? Warum wird man süchtig danach? Was ist Lustschmerz? Was fühlt eine Sub? Warum will sie es immer wieder erleben?

Vanessa ergriff das Wort.

„Unser Schmerzzentrum befindet sich im Gehirn. Seit Menschengedenken reagiert unser Körper automatisch auf Gefahr, gesteuert auch durch unser Unterbewusstsein. Am Anfang einer Session kann das auch mit viel Erfahrung noch so empfunden werden. Dann aber setzt dieses ...Loslassen... einer erfahrenen Frau/Sub ein. Es gibt kein besseres Wort dafür.

Loslassen erlaubt mir in einen Hype zu kommen. Ein hormoneller Rauschzustand baut sich auf.
Schon bald ist es relativ egal, ob weitere Hiebe oder Schläge folgen. Alles in Grenzen versteht sich.“

Viola hob die Hand, wollte dazu noch etwas beitragen. Lena nickte ihr zu.

„Es fängt mit ein paar Peitschenhieben an, steigerte sich ständig. Um in den hormonellen Rauschzustand zu kommen, brauche ich einige

Zeit. Die einzelnen Schläge werden zu einer dumpfen Masse, was zunächst schmerzhaft ist, wird dann zu einem Taumel aller Sinne.

Ich bin für einige Zeit weg von der Realität, in meiner eigenen Welt.

Wenn es mir langsam kommt und ich dabei zusätzlich in Atemnot gerate, ist der folgende Orgasmus mit Worten nicht zu beschreiben. Es ist ein Wegfliegen ins helle Licht. Das ist der Moment, der süchtig machen kann.
Der Subspace, die Reise ins Unbekannte, sozusagen befinde ich mich hinter dem Horizont. Wie bei einem Fingerabdruck...Jede und jeder hat sein Faible, sein Lustempfinden. Wer seine Sehnsüchte und Träume erleben will, muss auch ein gewisses Risiko eingehen, muss sich öffnen. SM oder DS, hat endlos viele Facetten, viele Spielformen. Hier geht es nicht nur um Sex. Es geht um körperliche, seelische und emotionale Sinnlichkeit.

Beide leben ihre Neigung aus.

Es geht hart, brutal zu, auch schon einmal leicht an oder über körperliche Grenzen. Aber es ist von beiden so gewollt. Nur so entsteht der Kick, der Taumel, das Ausbrechen aus dem Kokon, der uns umgibt. Ab und zu brauche ich

dieses Wegdriften in eine andere Welt."
Sie schaute in aufmerksame Gesichter.

„Ich kann nur für mich sprechen. An Bruchteile
einer harten Session erinnere ich mich im
Nachhinein, wie durch eine dichte Nebelwand.
Alles ist schemenhaft. Erinnern kann ich mich
an das „Aufwachen", das leichte, andauernde
Schweben in dem hormonellen Glücksgefühl.
*Bin ich im Tunnel, zeige ich keine Reaktion. Ich
denke nicht. Ich atme. Ich taumle.* Ich vibriere,
verkrampfe, bin weg von der Realität.

Nach einer Session komme ich mir wie
neugeboren vor. Das ist ein anhaltendes Gefühl.
Ich kann klarer Denken und fühle mich topfit.
Sex ist Biochemie. Adrenalin, Dopamin,
Oxytocin...ein drogenähnliches Gemisch.
Und noch etwas! Nichts gegen Blümchen- oder
Vanillesex. Natürlich ist das weiterhin ein Teil
meiner Sexualität."
Alle nickten ihr zu. Ich denke, du auch!

Resümee...
*Bei allem ist das Einverständnis des Partners
vorausgesetzt. Nur wer sich geborgen und
wohlfühlt, gerät in einen sexuellen Taumel.
Das Bedürfnis nach Nähe und Intimität stärkt
die Immunabwehr und baut Stress ab. Wir
können loslassen, uns fallenlassen. Wichtig ist*

auch das Ambiente. Bei Kerzenlicht und etwas Musik im Hintergrund erreichen wir schneller und tiefer eine sexuelle Erregung.

Erfinde dich zum Teil neu!
Schneide alte Zöpfe ab!

Mach das, weil ihr euch schon länger kennt!
Mach das, weil jetzt der richtige Zeitpunkt ist!
Mach das, weil es dir viel frische Energie gib!
Mach das, weil es ein Ausbrechen nach vorn ist!

Mach das, weil andere sich nicht trauen!!!!!
Mach das, weil diese Woche DEINE ist!!!!!
Mach das, weil „immer gleich"... langweilig ist!
Mach das, weil das Leben von vorn kommt!!!
Mach das, weil etwas mehr Mut dir nicht schadet!
Mach das, weil niemand es erwartet!
Mach das, weil Spontanität einfach geil ist!
Mach das, weil du dazu genau jetzt bereit bist!
Mach das, mit einem Schmunzeln im Gesicht!

Auch wenn du es nicht glaubst...Veränderung ist das Salz in der Suppe. Du veränderst dich. Deine Sicht verändert dich. Mach das! Das ist, wie wenn du ein Fenster öffnest und du frische Luft hereinlässt. Neuen frischen Wind! Du bist ein neuer Typ für dich selbst, deinen Partner

und für dein Umfeld. Setze ein klares Signal.
Auf ein Neues! Vielleicht einen Termin bei
deinem Friseur einmal anders gestaltet.

Er soll dir eine neue Frisur vorschlagen. Du
bist cool, entspannt. Gehe einen Schritt weiter.
Er soll die neue Frisur nicht nur vorschlagen...
er soll sie ausführen. Ohne weitere Erklärung.
Du gibst nichts vor!

Das hast du doch immer getan. Genau deshalb!
Lass los!
Bitte ihn um eine sichtbare Veränderung.
Einen neuen Schnitt! Eine neue Haarfarbe.
Überlasse es alleine ihm. Du wirst dich
wundern. *Vertraue ihm. Oder...* du wechselst
nach langen Jahren den Friseur. Altvertrautes
wird abgelöst durch Neues.

Kaufe ein Kleid, wenn du bisher überwiegend
Hosen getragen hast.
Sage der Modeverkäuferin, *SIE* soll Teile für
dich aussuchen. Ein Kleid, ein Shirt, ruhig auch
ein paar Hosen, die sie für dich gutfindet.
Sie fixiert dich und legt dir einige Teile vor.
Erneut überlässt du es IHR, was du kaufen
sollst. Mach das einfach einmal. Lass dich
überraschen.
Ändere dein Outfit. Du verstehst, was ich
meine! Schminke dich anders. Betonter, oder
mach ganz auf Natur pur. Das erfordert Mut.

Das ist Veränderung von Außen. Sichtbare Veränderung. Dein Partner wird den Wink verstehen. Ein positiver Neuanfang. Frischer Wind!

Vielleicht traust du dich. Du wirst bestimmt belohnt für dieses Loslassen. Es verändert dich!

Wenn dein Mann, dein Partner, dein Freund eine Veränderung bei dir ganz sexy fände, soll er dies hier ankreuzen. O --------------------

Ergänze deine Hobbys. Nimm dir mehr Zeit für soziale Kontakte. Sprich mit deinen Freundinnen und hake dich bei denen ein. *Dinge tun, ohne deinen Partner.* Warum nicht ins Fitnessstudio, ins Hallenbad, ins Kino, ins Theater, ins Museum gehen...Warum sich nicht alle vierzehn Tage einen Abend mit der Mädelsgruppe in einem Restaurant treffen? Schön essen und tratschen!

Einfach so! *DU machst den Vorschlag!* Du kümmerst dich! Du rufst deine Freundinnen, deine Freunde an, du machst die Vorschläge. Warum folgt gleich im nächsten Text.

Nachdenklichkeit
Du solltest gedanklich eine kleine Auszeit zu nehmen, aus dem Gedöns deines Alltags. Die

Fülle der Informationen lässt uns oft keine Zeit zum Durchatmen. Dabei sollten wir unser Gehirn, unseren Datenspeicher, schon einmal etwas ausmisten, sich Zeit für uns nehmen. Füllen doch deinen Speicher mit einigen frischen, neuen Ideen und Gedanken. Lösche etwas von der Festplatte, das dich blockiert, dich ausbremst.

Nimm dir die Zeit und denke über manches einfach einmal ernsthaft nach. Finde ZU DIR!

Notiere diese Gedanken auf einem Zettel. Schreibst du etwas auf, brennt es sich um einiges stärker in dein Gedächtnis. Das wäre doch schon einmal ein Anfang.

Denke nicht zu lange über Glück nach. Glück ist nicht greifbar und verflüchtigt sich mitunter sehr schnell. Manche denken, andere haben mehr Glück im Leben. Finanziell, in der Beziehung, im Allgemeinen. Das kann stimmen, ist aber alleine deren Sichtweise geschultert. Andere zu bewerten, ist oft ungerecht! Wir sehen nur das oberflächliche, das was wir sehen wollen. Das Traumpaar, wie wir es vor uns sehen, ist seit vielen Monaten zerstritten, der Mann geht fremd, finanziell spielen sie uns was vor. Sexuell klappt schon lange nichts mehr. *Lassen wir Bewertungen.*

Es geht um DICH!

Glücklichsein ist ein Überbegriff über einen Zustand, der dich nicht alleine betrifft. Wenn innerhalb deiner Familie, deiner Freunde das große Chaos herrscht, bist auch du betroffen. Einigen wir uns darauf.

Glücklich sein ist eine Momentaufnahme und kann relativ banale Gründe haben. Freude und Glück sind verbandelt.

Zufriedenheit ist über einen längeren Zeitraum möglich. Dazu musst du die Schwankungen in deinem Alltag, die sich wiederholenden *Auf* und *Abs* akzeptieren. Das sollte dein Mindestziel sein. Dann mal los!

Du möchtest nur Kleinigkeiten änder, oder du haust auf die Pauke und bist neugierig auf das, was hinter der Nebelwand aus Kindheit, Erziehung, Gene, Umfeld und deinem *ICH-SEIN*, dich erwartet. Neugierde ist schon einmal ein guter Anfang. Was hat das mit Sex zu tun?

Dieses loslassen, sich fallenlassen, ist ein besonderes Erlebnis, wenn es aus einer inneren Ruhe, einer Ausgeglichenheit kommt. Vielleicht auch nach einer launischen, ausgelassenen Partynacht, mit oder ohne Alkohol. Du bist aufgewühlt, leicht überdreht und du bist heiß... dich, mit wem auch immer, sexuell auszutoben und du lässt die Sau mal so richtig raus! Auch hier hat beides seine Berechtigung.

Ich finde es Klasse, wie Herbert Grönemeyer in seinem Song „Mensch" mit wenigen Worten viel erklärt.

Momentan ist wichtig...Momentan ist gut. Nichts ist wirklich wichtig. Nach der Ebbe kommt die Flut

Oder Udo Lindenberg mit seinem...*Hinterm Horizont gehts weiter!*

Ich bin kein Arzt. Das, was jetzt folgt, sehe bitte unter diesem Aspekt. Eines ist klar und überall nachlesbar. Sex ist gesund. Wirklich gesund. Sex senkt das Risiko von Herz und Kreislauferkrankungen. Das Immunsystem wird gestärkt. Sex fördert das Wohlbefinden, löst Anspannung und Stress.
Ein Hormoncocktail kommt über uns.

Beim Orgasmus werden das Bindungshormon Oxytocin und das Glückshormon Serotonin ausgeschüttet. Weiterhin Endorphine, die wie Opioide wirken. Besonders bei SM, bei Züchtigungen wie Hiebe und Schläge, wirken diese Hormone schmerzlindernd. Die Sub befindet sich in einem Drogenhaft ähnlichem Zustand, einem sinnlichen, dumpfen Rausch. Die Wahrnehmung ist gedämpft. Bei dem ganzen, geilen Spaß verbrennen wir auch noch

ein paar Kalorien. Wenn das kein Ansporn ist!
Also...statt Tabletten... ab und los.

Jetzt aber zum Thema!!!
Es folgen einige Spielformen.

Bei allem ist das Einverständnis des Partners vorausgesetzt. Nur wer sich geborgen und wohlfühlt, gerät in einen sexuellen Taumel. Das Bedürfnis nach Nähe und Intimität stärkt die Immunabwehr und baut Stress ab. Wir können loslassen, uns fallenlassen. Wichtig ist auch das Ambiente. Bei Kerzenlicht und etwas Musik im Hintergrund erreichen wir schneller und tiefer eine sexuelle Erregung.

***Mal was anderes! Ankreuzen, worauf DU Lust
hast! Dann gib IHM oder IHR das Buch zurück.***

Aus DEINER Sicht!
...Ich möchte gar nicht so viel ändern, denn der
Sex mit dir ist geil und bestens. *Für Neues bin
ich allerdings aufgeschlossen.* Sex bietet so
viele Facetten...Also lass uns loslegen!...

Schreibe hier in die Zeilen, was dir gefallen
würde, was dich in einen Taumel versetzen
würde. Lese aber zunächst weiter. Es kommen
einige erotische Vorschläge, die du mit
einbinden kannst.

Eigene Bemerkungen ...Wünsche ... Sehnsüchte

Eine Auszeit nehmen

Lass uns eine Auszeit nehmen! Weg vom Alltag. Weg vom gewohnten Umfeld. Einfach nur du und ich.

Buche ein Wochenende in einem Romantikhotel für verliebte Paare. Im Internet finden sich zahlreiche Angebote. Ich möchte einige Verwöhntage erleben und mich in einem romantischen Umfeld sexuell mit dir so richtig austoben.

Lass uns abtauchen...unsere Seelen baumeln lassen. In Sauna, Whirlpool oder Pool. Ein Thema steht aber über allem... Ich möchte den Rausch aller Sinne erleben. Mein Kopfkino macht mich schon jetzt ganz verrückt.

O

Eine sexy Nacht

Eine Nacht in einem Hotel, in einem Motel. Ein Zimmer, um sich hinzugeben. Fremdgehen mit dem eigenen Partner. Kopfkino. Das kann im näheren Umfeld sein. Schön zu Abendessen mit etwas Alkohol.
Danach ein kurzer Abendspaziergang.

Das Motto des danach folgenden Sex auf dem Zimmer ist vorgegeben. Timeless! Zeitlassen! Berühren. Genießen. Taumeln.

Alles ist erlaubt. Auf! Komm! Machen wir eine besondere Nacht daraus!

O

Ein Clubbesuch

Was hältst du von einem gemeinsamen
Besuch eines Swinger oder SM Clubs?

Ich wäre schon neugierig, was da abgeht.

Ich müsste mich schon überwinden, aber mit
dir als meinen Schatz, als Begleiter würde ich es
mir zutrauen.
Nur zusehen oder sogar aktiv mitmachen?

Eine spannende Frage! Ich glaube, das würde
sich erst vor Ort entscheiden. Schon bei dem
Gedanken kribbelt es bei mir. Nichts muss,
alles kann! Einfach sich der Stimmung
hingeben! Hat doch was, oder?

O

Clubbesuch Variante

Im Club. Würdest du aktiv mitmachen? Würde ich es? Wir sprechen uns vorher ab! Nur einer wird aktiv! *Du* oder *Ich?*

Ich würde zusehen wie du es mit einem/einer Fremden treibst. Wie du es ihm/ihr besorgst...

Du gibst mich ab...an einen... an andere Männer/Frauen. Geilt dich der Gedanke auf? Natürlich alles mit Kondom. Und ganz wichtig! Die ganze Zeit bleiben wir eng zusammen.
Nur so könnte ich es akzeptieren.

Ich sage damit nicht, dass ich es möchte! Es ist ein Vorschlag mit viel Redebedarf.
Bin gespannt, auf deine Meinung zu diesem Thema...

O

***Ohne Slip*....**

Wie wäre es… beim nächsten Einkaufen, Spazierengehen, Kaffeetrinken, Essengehen oder ins Kino? ..wenn ich *im Kleid ohne Slip* mitkomme?
Das wäre doch ein Kitzel für uns beide! Ich glaube, das würde dir gefallen.
Ohne zu provozieren, einfach ein Erlebnis für unser Kopfkino.

Und es gibt noch ein Spaß mehr.

Plötzlich wundert sich die Bedienung über mein Verhalten. In meiner Muschi steckt ein Vibro-Ei mit Funkfernbedienung… und du hast gerade den Knopf gedrückt!
Ich habe am Tisch zu schweigen. Du gibst Antworten, auch wenn ich angesprochen werde. Du bestellst für mich.

O

Light SM....

Sich sexy offen präsentieren. Zeigefreudig! Halterlose Strümpfe. Enger BH.

Lernen loszulassen! Zuzulassen! Anweisungen sofort und bedingungslos zu befolgen. Sich hinzugeben. Eine zeitlose Session zu erleben.

Fesseln...Augen verbinden..Spielerisch Peitsche und Rohrstock...Devotes Verhalten...Klammern Kerzenwachs...Vibratoren...

Leichtes Abbinden der Titten. Knallharter Sex. Mundknebel. Beherrschen aller devoten Grundpositionen. Geschehen lassen... ohne alles zu hinterdenken.

O

Hard SM...

Sessions von neunzig Minuten und mehr.
Vertrauen in den Partner...Herrn... Dom.
Tunnelspiele. Taumeln zum Subspace. Stolz
alles erdulden. Willig. Lust durch Schmerz.
Absoluter Gehorsam. Schnelles umsetzen von
Anweisungen. Nichts nachfragen.
Abbinden Titten. Brust und Nippeltortur.
Ohrfeigen. Züchtigung. Erniedrigung.

Harte Schläge und Hiebe mit hoher Anzahl.
Perfekter, ausdauernder Sex. Lecken.
Minutenlanges Reiten. Harter Mundfick.
Spermaaufnahme total. Anal nach Absprache.
Atemkontrolle. Bastonade. Gagging. Und vieles
mehr!

O

Meine Neugierde stillen

Ich könnte mir vorstellen, aus Neugierde und Interesse einen *SM-Stammtisch* als Paar mit dir zu besuchen. Den gibt es in vielen Städten. Einfach Zuhören und sich austauschen, um einiges besser zu verstehen.
Schon der Gedanke, dabei zu sein, erzeugt einen Kitzel.

Gerade weil ich das Zwiegespräch der Frauen in diesem Buch gelesen habe, hat sich meine Neugierde noch verstärkt. Ich hätte schon einige Fragen. Was ist der Kick bei extremer Erniedrigung? Warum ist eine Frau stolz, sich zu erniedrigen, sich auszuliefern, sich völlig hinzugeben? Das ganze auch aus der Sicht des Herrn/Doms, des Mannes.
Wie steht es um das Verhältnis Dom-Sub? Fragen hätte ich genug. Um einen Termin würde ich mich kümmern. Wie wäre das?

O

Zeigefreudig...

Ich liege auf dem Rücken, auf dem Boden oder im Bett und habe meine Beine aufgestellt und gespreizt und *präsentiere dir meine Muschi.* Heftiges Fingerspiel ist angesagt. Langsam gehe ich in ein intensiveres Wichsen meines Kitzlers über.

Du sitzt angezogen auf einem Stuhl und schaut mir bei gedämpftem Licht zu. Minutenlang. Dann greifst du zum Vibrator und besorgst es mir. Ich bin patschnass und du sieht das. Nun darfst du mich ins Traumland schicken. Du schaltest den Vibrator einen Gang höher.

Es kommt mir gewaltig. Das war es! Aus! Du bist heute außen vor!

Am nächsten Tag geht das Spiel weiter. Ich habe den schwarzen, kurzen Rock an. Er bedeckt nur wenig. Wenn ich mich bücke, siehst du meinen Arsch. Die gierst nach mir. Ich bin mir dessen bewusst und es geilt auch mich so richtig auf.

Du musst minutenlang vor mit wichsen.
Natürlich ohne zu kommen! Du bleibst
unbefriedigt!

Ich erkläre dir warum.
Noch drei Tage bis zum Wochenende. Du hast
dich nicht selbst zu befriedigen, hast Tagelang
nicht zu kommen! Ich bestehe darauf! Aber
eines verspreche ich dir!

Am Wochenende kannst du mit mir machen,
was du willst, kannst du deinen Samenstau
auflösen. Ich werde alles befolgen.

O

Die etwas andere Gespielin...

Ich spiele eine Doll. Eine Sexpuppe!!!! Kurzer Rock, Bluse. Halterlose Strümpfe. Ich liege regungslos auf dem Bett und erwarte dich. Kein Ton von mir. Ich löse alle Muskelspannung, verzichte auf jegliche Körperspannung. Unbeweglich liege ich vor dir. Meine Arme leicht verdreht. Ich atme flach. Unmerklich.

Du begutachtest mich und beginnst mit mir zu spielen. Kraftlos fällt mein Arm nach unten, lasse ich dich mich zurechtlegen. Ich setze alle meine schauspielerische Kunst ein und lasse alles mit mir geschehen. Alles... ohne aktiv zu werden, ohne eine unterstützende Regung zu zeigen. Du drückst mir deinen Steifen zwischen die Lippen. Ich reagiere nicht. Das musst du schon selbst machen.

Es wird dich antörnen. Du nimmst die gefügige Doll heftig ran, tobt dich mit und in ihr aus. In meiner Muschi kommt es dir. Du verlässt das Zimmer kommentarlos. Ein geiles Spiel!

O

Gummi-Leder-Lack...

Die Betonung meiner Weiblichkeit. Meine
Titten, meine Muschi, mein strammer
Arsch...verborgen oder sichtbar betont. Beides
geilt dich auf!

Viel bedeckte Haut, aber an den richten Stellen
ist alles deutlich sichtbar. Wir spielen erneut.

Ich habe einen Ganzkörper-Latex-Anzug an.
Ein Catsuit. Es fühlt sich an wie eine zweite
Haut und es ist eine! Auch mein Gesicht ist
unter einer eng anliegenden Larynxmaske nicht
mehr erkennbar.

Nur kleine Öffnungen für den Mund und kleine
Nasenlöcher zum Atmen. Ich bin eine Sexpuppe
von den Fußspitzen bis zu den Haaren. Ein
befremdlicher Anblick. Eine Unbekannte.

Reißverschlüsse lassen sich öffnen und du
ziehst an den Verschlüssen. Meine Titten
quetschen sich durch die Öffnungen. Im Schritt
bleibt es eng.

O

Tantra-SM

Wichtig ist das Ambiente. Diffuses Licht, besser noch Kerzenlicht, gedämpfte Musik. Ich liege auf dem Bauch. Meine Augen sind verbunden. Meine Hände liegen an meinem Körper gefesselt an.

Du hast einen Gürtel oder Spanngurte verwendet. Jetzt werde ich mit Massageöl liebevoll von dir massiert. Ausdauernd...schon einige Minuten. Rücken, Arsch, Beine, Füße. Liebevoll!

Dann gibt es Hiebe und Schläge mit Peitsche oder Rohrstock auf meinen Arsch. (Auf den Rücken) Die Intensität hängt von dir ab. Du gibst das vor, beobachtest mein Verhalten. Ich vertraue dir. Das wechselt jetzt mehrfach ab. Massage, dann wieder Schläge!

Ich habe mich umzudrehen. Auf dem Rücken liegend, geht es weiter. Massage überall. Titten, Bauch, zwischen den Beinen. Du drehst an meinen Nippeln. Dann leichte, spielerische Hiebe mit der Peitsche auf meine Titten, auf die Innenseite meiner Oberschenkel, auf meine geschlossene Muschi. Massage und Hiebe wechseln sich ab. Ruhe und Sinnlichkeit wechseln ab mit deftigem, heftigem Sex.

O

Ich befolge

Du liebst BDSM und willst mich von der Anfängerin, einer Novizin, zur Sub ausbilden. Fesselung, Peitsche, Rohrstock und Klammern werden zu meiner Züchtigung verwendet.

Ich will eine stolze Sub werden und für meinen Herrn bereit sein.

Deine Anordnungen werde ich befolgen und umgehend ausführen. Du zeigst mir den Weg!

Du führst mich!

Ich lerne loszulassen, mich fallenzulassen. Aber auch zuzulassen! Wird es für mich zu grenzwertig, verwende ich das vorher abgesprochene Safeword.

Mein Ziel muss sein, es nie zu benutzen!

Ich möchte den Subspace, den drogenhaften Rausch all meiner Sinne erleben.

O

Ich bestimme

Du gibst oft den Takt bei unserem Sex vor. Ich liebe das, du führst mich, ich kann loslassen.

Ab sofort ändern wir das ab und zu. Du bist passiv, sprichst nicht, lässt einfach nur zu. *Ich benutze dich,* zu *meiner Lust* zu meinen Bedingungen.

Du leckst mich, bis ich deinen Kopf wegdrücke. Solange ich es will! Ich bestimme!

Ich kümmere mich um deinen Schwanz, deine Hoden, deinen Hintern, wie ich es will! Ich bestimme Zeit und Tempo. Ich fessle dich, verbinde dir die Augen.

Erst am Schluss hast du zu kommen. Wenn ich es möchte. Ich melke dich ab. Dabei nenne ich dir den Zeitpunkt, wenn du abspritzen darfst. Ich kann dir nur raten, dich an meine Anordnungen zu halten.

O

Mein Tag...dein Tag

Es ist schön, wenn wir uns gegenseitig hochschaukeln, uns beide gegenseitig sexuell verwöhnen. Es ist ein Geben und Nehmen.

Lass uns spielen!

An einem bestimmten Tag in der Woche...bist nur *Du* dran... bin nur *Ich* dran.

Konsequent! Ohne Wenn und Aber! Der eine macht alles. Der andere ist *absolut passiv und genießt* und lässt einfach zu, lässt sich bedienen, nennt seine Wünsche! Ohne Diskussion. Bis zum Höhepunkt!

O

Unser Waldspaziergang

Wieder ohne Slip. Im Auto habe ich den Rock hochzuziehen. Ab und zu lenkst du nur mit einer Hand. Danach laufen wir Hand in Hand auf einem Waldweg. Dann schickst du mich zehn, zwanzig Meter vor. Rock hoch, während ich vor dir herlaufe. Ich muss anhalten, bekomme einen kleinen Stock, den du an einem kleinen Ast abgeknickt hast, längs zwischen meine Pobacken. Ich habe weiter vor dir zu laufen, ohne den Stock zu verlieren. Es gefällt dir, wie ich meine Arschbacken zusammenkneife. Minuten später bekomme ich einen Metall-Analplug in mein hinteres Loch. Der wird erst Zuhause wieder entfernt.

Auch *Upskirting* ist nun dabei. Ich sitze auf der Waldbank, du läufst wie unbeteiligt an mir vorbei. Dein Blick geht in meine Richtung. Ich mache die Beine breit. Ich muss Pissi. Du sagst, ich habe mich dir zu zeigen. Niemand zu sehen. Dann rauscht es los. Ich wusste nicht, wie geil so ein Spaziergang sein kann. Komm! Los!

O

Heisskalt

Ich liege auf dem Boden im Dunkeln. Nur der enge Lichtkegel deiner Taschenlampe. Du beleuchtest, was du sehen willst. Ich bin passiv und lasse geschehen. Du befingerst mich. Der Lichtkegel geht oft zwischen meine Beine, auf meine Titten, später auf meinen Arsch.

Dann befielst du mir, dass ich mich nicht bewegen soll und du keinen Laut von mir hören willst. Ich bin alleine im Dunkeln. Du kommst zurück.

Ich schrecke auf. Ein spitzer Aufschrei. Von wegen kein Laut. Auf meine Rücken liegen zwei Eiswürfel. Du fährst mit einem über meine ganze Körperlänge. Immer wieder zucke ich zusammen.

Du zündest eine Kerze an. Langsam tropft das Wachs auf den eiskalten Rücken. Ich bäume mich auf, verkrampfe, spüre wie nass ich zwischen den Beinen bin. Echt geil solche Spielchen.

O

MindGames

Bringe deine Fantasie mit ein. Kopfspiele, Rollenspiele, die in der Fantasie durchlebt werden, eine Stimulation erzeugen, die in der Realität aber nur vorgespielt wird.

Deine Augen sind verbunden.

Du öffnest hörbar eine Dose und du sagst ihr, dass du ihr mit echter Farbe einen knallroten Pfeil vom Bauchnabel bis zu ihrer Muschi malen wirst. Sie ist irritiert. Mit einem angefeuchteten Malerpinsel führst du dein Werk aus.
Es war einfaches Seifenwasser.

Sie liegt auf dem Bauch. Du sagst ihr, sie darf sich keinen Millimeter mehr bewegen, da du ihr eine brennende Kerze auf den Rücken stellst. Sollte sie umkippen, wäre das unangenehm.

Du stellst die breite Kerze auf ihre Haut...sie ist nicht angezündet.
Nach wenigen Minuten beginnst du die unbeweglich liegende zu streicheln, etwas zu kitzeln. In der anderen Hand hast du eine brennende Kerze und du lässt einige Tropfen neben der Kerze auf den Rücken tropfen.
Ihre Wahrnehmung ist eine andere und sie wird schon betteln, das Spiel zu beenden. Du

beendest es nur gegen eine sexuelle
Gegenleistung.

O

Figging

Du schneidest eine Ingwerknolle als Plug, als Analstöpsel in Dildoform.

Anal einführen und wirken lassen.

Die ätherischen Öle fördern nach etwa vier Minuten intensiv die Durchblutung, reizen die Schleimhäute.

Es wirkt intensiv! Also vorsichtig ausprobieren! An der Stelle wird es heiß und es brennt ordentlich... verletzt aber nicht!

Ingwer brennt und schmerzt... und besorgt einen „besonderen" Orgasmus. Nach Entfernung „brennt" die ganze Körperregion noch zwanzig Minuten nach.

Du kannst es auch vorsichtig auf Schamlippen oder Schwanz auftragen. So haben beide ein extrem „feuriges" Erlebnis. Nochmals! Vorsichtig ausprobieren!

O

Oder...

Du gurgelst mit hochprozentigem Alkohol.
Dann leckst du meine Muschi, meine Klit. Wir
küssen uns... und weiter. Minutenlang, bis ich
komme. Ich nehme einen Schluck. Es brennt
dir auf der Eichel, wenn ich ihn voll im Mund
habe.

Ich liebe den Geschmack von Alkohol und
Samen. Eine geile Mischung! Ich könnte
süchtig werden.

O

Mit deinem in Alkohol getauchten Finger
bestreichst du meine beiden Schamlippen.

O

Ich träufle hochprozentigen Alkohol über deine
Eichel, über deine Hoden, auf deine
Analrosette.

O

Ich fahre mit einer aufgeschnittenen
Ingwerknolle über deine Eichel. Nichts für
Weichlinge! Später wichse ich dich ab.

O

Folienbondage

Mein Körper wird mit Klarsichtfolie bis zur vollkommenen Mumifizierung eingewickelt. Eine totale Fixierung. Etwas für meine Psyche. Erst am Schluss auch mein Kopf. Löcher erlauben mir das Atmen durch die Nase. Kann beklemmend sein. Eine totale Auslieferung. Keine Sekunde lässt du mich aus den Augen.

Eine geile Variante....

Du schneidest Löcher für meine Titten, meine Muschi in die Folie. Dann setzt du einen Magic-Wand-Kugelkopf Vibrator oder ein Druckwellen-Vibrator ein. Ich kann mich nicht aufbäumen, nicht einen Zentimeter bewegen, wenn es mir kommt. Was für ein Gedanke!

O

Sinnesentzug

Mein Sehen, Hören, Schmecken, Fühlen, wird unterbunden. Augenbinde, Ohrstöpsel, Mundknebel und Fesselung, erzeugen das vollkommene bei *Sich* sein, bei *Mir* sein.

Über alles stülpst du einen Leinensack.

Du nimmst mich in verschiedenen Positionen.

Von hinten auf einem Stuhl, einem Sessel. Von vorne auf einem Tisch. Dann leckst du mich, lässt mich kommen. Aber den Ablauf überlasse ich natürlich dir!

O

Die Gasmaske

Nicht teuer. Im Internet bestellbar. Minutenlanger Sex mit der übergezogenen, stark nach Gummi, unangenehm riechenden Gasmaske. Ein absurder Anblick.

Zunächst haben wir Sex ohne aufgesetzten Filter. Ich reite dich, bin nach kurzer Zeit total verschwitzt. Jetzt schraubst du den Filter auf.

Jeder Atemzug ist jetzt laut vernehmbar. Ein Zischen und ziehen. Du lässt mich weiter reiten. Ich bin patschnass. Die Sichtgläser der Maske sind beschlagen. Meine Haare kleben, sind nass. Für drei Sekunden hältst du deine Hand vor den Filter. Ich komme in eine leichte Panik, aber ich kenne das Spiel. Und es ist ein einvernehmliches Spiel.

Mit aufgesetzter Gasmaske, mit angeschraubtem Filter, habe ich mich vor dir zu einem Orgasmus zu wichsen. Dann bist du dran!

O

Das Verhör

Ich bin vollständig auf einem Stuhl gefesselt. Hände an Lehne, Oberkörper um Stuhlrücken, Beine um Stuhlbeine. Bewegungslos.

Ausgeliefert. Du fragst mich nach sexuellen Ausschweifungen...nach einem Fremdgehen, das du dir ausgedacht hast....Ich soll gestehen, sonst greifst du zu anderen Mitteln. Du hast einen Rohrstock in der Hand...Ich werde trotzig, frech!

Du wirst laut und drängst mich zu einem Geständnis. Ich bekomme Klammern an meine Nippel, an meine Schamlippen. Ich stöhne auf und werde weiter nicht gestehen. Du gehst den nächsten Schritt. Zwanzig mit dem Rohrstock.

O

Analsex

Nicht nur als Ergänzung.

An einem Tag treiben wir es nur Anal. Ich knie auf einem Stuhl… auf dem Bett. Heute geht es nur um meinen Po.

Erst spielst du damit, dann besorgst du es mir. Zunächst mit deinen Fingern. Dann dringt deine Steifer druckvoll ein. Du lässt dir Zeit, gehst raus und rein.

Dann bleibst du tief in mir.

Ich spiele mit meinen Muskeln, presse sie zusammen, löse sie. Ich melke deinen Schwanz. Du kommst tief in mir.

O

Dreier...

Natürlich nur, wenn du einverstanden bist. Der nächste Schritt.

Mit einem Freund, einer Freundin oder mit einem Fremden. Zu dritt austoben.

Nach genauen Absprachen, was erlaubt und erwünscht wird.

Ich glaube, das ist in der Realität nicht so einfach, wie man das sich vorstellt.
Da muss die Chemie schon perfekt stimmen.
Völlig abwegig? Was meinst du?

O

Cockold...

Ein Mann kommt dazu.

Ein Freund, ein Fremder. Davon habe ich schon geträumt. Das wäre ein Kitzel für mich.

Im Kopfkino, in meiner Fantasie, machbar.

Aber real? Was erlaubt ist, wird vorher abgesprochen.

Du schaust zu oder beteiligst dich. Das überlasse ich dir. Du filmst das Ganze. Nur für uns natürlich!

Ein Porno von uns, für uns!

Oder wenn dir das besser gefällt...eine weitere Frau kommt dazu. Wäre ich dazu bereit?
Lass uns darüber reden!

O

Reiten..

Ich sitze auf dir und reite auf deinem Steifen.

Ausdauernd! Nicht nur ein paar Minuten! Wir
sprechen eine Zeit ab. Ich stelle den Wecker des
Handys ein.
Heute dreißig Minuten. Du hast hart zu bleiben
und du darfst nicht kommen!

Ich wechsle mehrfach meine Position. Ich sitze
zunächst frontal. Du siehst meine Titten, siehst
mir in die Augen. Dann drehe ich mich um. Du
liebst den Anblick meines Hinterteils, meiner
Pobacken.
Minutenlang geht das so ohne Pause.

Ich bin schweißgebadet und ganz schön
erschöpft. Aber ich halte durch. Dann komme
in mir!

O

Multipler Orgasmus

Spätestens beim dritten Mal wird es
unangenehm für dich. Und darum geht es.

Ich lasse dich in kurzer Zeit mehrfach
abspritzen. Zwanzig, dreißig Minuten und auch
einiges mehr, ist die wissenschaftlich
vorgegebene Erholungszeit beim sportlichen,
gesunden Mann.
Die sogenannte Refraktärphase. Ausnahmen
bestätigen die Regel.

Mit Hand, Mund und auch verbaler Dirty Talk
Unterstützung, überprüfe ich das.

Wir werden das trainieren und wenn du
mehrfach kommst, bekommst du auch eine
Belohnung.

Ich lasse dich die nächsten Stunden in Ruhe!

O

Darkroom

In diesem Fall nehmen wir das Schlafzimmer und dunkel es vollkommen ab. Ist das nicht komplett dunkel zu bekommen, tragen wir beide zusätzlich eine Augenbinde. Ohrstöpsel erzeugen und erhöhen die Stille. Keiner spricht über die gesamte Zeit kein Wort.

Nichts sehen, nichts hören, nicht sprechen.

Absolute Stille!

Erst nach fünf Minuten absoluter Ruhe beginnt das Abtasten, die körperliche Berührung.

All unsere Sinne sind geschärft.
Ausgiebiges lecken meiner Muschi, zeitloses kümmern um deinen Schwanz. Tabulosen Sex, bis beide absolut befriedigt sind.

O

Im Café

Ein wunderschöner Sommertag. Wir zwei
sitzen im Garten des Eiscafés. Die nächsten
Minuten unterhalten wir uns ausschließlich
über den Sex, den wir später Zuhause
zelebrieren werden. Im Dirty Talk. Eindeutig
und obszön, in gedämpfter Lautstärke. Das ist
nur für unsere Ohren bestimmt. Wir puschen
uns, geilen uns auf.

Dann hast du *eine* Frau, ich *einen* Mann aus
den anwesenden Gästen auszusuchen, mit
dem/der wir uns vorstellen könnten Sex zu
haben.
Wir beide haben das ausführlich in aller
Deutlichkeit zu begründen!

O

Nylon Spiele

Nicht jedermanns Sache, aber weiter verbreitet, als man denkt.

Du trägst eine dünne Nylonstrumpfhose, darunter nichts. Er fährt mehrfach mit seiner Hand darüber, spielt mit dir. Es knistert.

Dann ein kleiner Schnitt, mit einer Schere oder einem Messer, über deiner Muschi. Ein weiterer Riss, um dein Poloch.

Er dringt durch die kleine Öffnung in dich ein.

Während du ihn reitest, zerreißt er die Strumpfhose gewaltsam in Stücke.

O

Drei Wünsche

Jeder schreibt drei sexuelle Wünsche, drei sexuelle Praktiken auf einen Zettel und übergibt diesen dem Partner.

Abwechselnd werden die Wünsche erfüllt.

Ganz so einfach ist es dann doch nicht, denn auf dem Zettel stehen drei Praktiken, die ihr auf diese Art so noch nie praktiziert habt.

Da ist Fantasie gefragt.
Grenzwertige, unerwartete Wünsche?

Da sind viele geile Minuten sind garantiert.

O

Spielchen

Etwas Fetisch zulassen? Ich trage halterlose
Strümpfe, meinen kurzen schwarzen Rock.
Immer wieder eine sexy Anmache.
Dazu schneide ich die Spitze an einem alten BH
weg. Meine Nippel drücken, quetschen sich aus
dem BH.
Darüber ziehe ich ein nasses T-Shirt an. Du
liebst diesen Anblick.

Du trägst einen Penisring, der den
Blutrückfluss eindämmt und zu einer
andauernden Erektion führt. Mit einem
Gummiband binde ich dir die Hoden ab und
setzte dir zwei Klammern an. Wir filmen uns
mit dem Handy gegenseitig.

Währen eines Abendessens im Restaurant,
schauen wir die Videos an.

O

24/7 Zweisamkeit

Ich stehe dir einen Samstag, inklusive der Nacht zum Sonntag, sexuell ohne Wenn und Aber jederzeit zur Verfügung!

Ich habe zu befolgen, du gibst die Anweisungen und ich werde befolgen!

Du bestimmst den Tagesablauf, bestimmst, was ich anziehen soll, was wir essen und trinken, was wir unternehmen. Du bestimmst alles!
Ich werde nichts hinterfragen.
Ich gehöre dir!

Am folgend Wochende drehen wir den Spieß herum. Dann gehörst du mir!

O

Jetzt seit IHR dran!
Eure Fantasie ist gefragt! Machts gut!